Kleine Glücksboten für dich

arsEdition

Das kleine Glück ist immer für DICH da.

Du glaubst, es findet keinen Weg zu dir?

Das kleine Glück hat IMMER einen Schlüssel, ...

... um einfach bei dir aufzutauchen.

Kann sein: Manchmal hat es Verspätung.

Glück kann man nicht hetzen.

Aber sicher ist:

Es KOMMT!

Jeder macht mal Pause.

Dann heißt es einfach: ABWARTEN.

Bei einer Tasse Tee zum Beispiel ...

... und einem Törtchen. MMMMMHHH!

Sieh gut hin, ...

... denn es steckt in den KLEINEN Dingen.

Manchmal musst du
dich eben auch
ein wenig BEWEGEN, ...

… damit es sich an
deine Fersen heften kann.

Glück findest du immer bei denen, die dich lieben, ...

... mit denen du auch DURCHAUS mal abstürzen kannst.

Man braucht jedoch nicht immer MEER, um glücklich zu sein.

In manchen Situationen reicht ein Eimer Wasser völlig aus.

Jeder Reichtum ...

... ist nicht so viel wert ...

… wie eine KLEINE BLUME von einem lieben Menschen.

Verschenke dein Glück!

Denn dann VERDOPPELT es sich.

Und manches Mal ...

… wirst du ein VIELFACHES ernten.

Glück ist: ...

... ein LÄCHELN.

Lächeln hat Langzeitwirkung.

Vor allem wenn man es wiedergibt,

fällt es auf einen zurück.

Glück ist: FREUNDSCHAFT.

Pflege sie!!!

So wächst sie und gedeiht.

Glück ist: …

… wenn jemand dein HERZ ausfüllt.

Und wenn die Laune mal im KELLER ist: ...

... nicht verzagen!

Du kannst es nun mal nicht berechnen.

Und wenn auch NICHTS zu klappen scheint, ...

... fordere das Glück nicht heraus, ...

... denn es ist sehr sensibel.

Mit ein bisschen GEDULD kommt es
ganz bestimmt wieder hervor.

Oft ist es Kopfsache:

Atme tief durch
und LASS es zu.

Dann findet es schon
den Weg in deine
Kommandozentrale.

Glück kann so VIELES sein:

... ein Küsschen ...

... ein gutes Essen ...

... ein Schluck Wasser an einem heißen Tag ...

... mal fünf Minuten
nur für dich ...

... ein gutes Buch ...

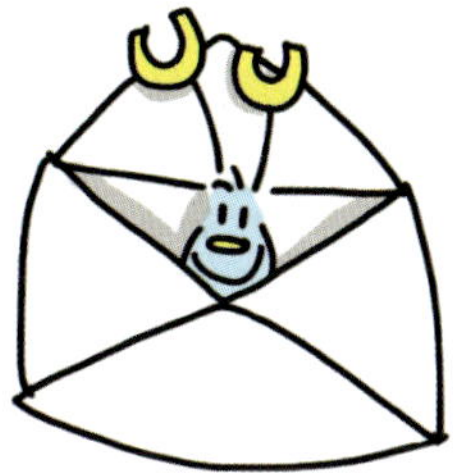

... eine nette Nachricht ...

... Schokolade ...

... ein lieber Mensch,
der an dich denkt.

Von glücklichen MOMENTEN …

... wirst du noch lange zehren.

Eine glückliche Zeit zählt immer DOPPELT:
einmal, wenn du sie erlebst, ...

... und einmal, wenn du dich zurückerinnerst.

Wann das Glück kommt, weiß keiner.

Aber meistens taucht es da auf, ...

... WO MAN ES AM WENIGSTEN ERWARTET.

Illustration und Text: Alexander Holzach
Lizenzgeber: Licensegateway Ltd., Köln
Gestaltung: Jürgen Hailer, arsEdition GmbH
Printed by Tien Wah Press
ISBN 978-3-8458-1837-5
1. Auflage

www.arsedition.de

FSC
www.fsc.org
MIX
Papier aus verantwortungsvollen Quellen
FSC® C106107